LA PRÉSIDENCE

S'IL VOUS PLAIT!

Par un Républicain de la VIEILLE.

> Paillasse, mon ami,
> N' saute point z'à demi...
> ....
> BÉRANGER.

PRIX : 15 CENTIMES.

PARIS,
A LA LIBRAIRIE,
Passage du Commerce, 3.

1848

PARIS. — IMPRIMERIE DE BOULÉ, RUE COQ-HÉRON, 3.

LA PRÉSIDENCE
S'IL VOUS PLAIT!

> Paillasse, mon ami,
> N' saute point z'à demi...
> ....
> BÉRANGER.

Maintenant que le régime arbitraire de l'état de siége ne pèse plus sur nos épaules et sur notre esprit, — nous allons pouvoir lâcher bride à cette imagination, que la dictature du chef du pouvoir exécutif empêchait de vagabonder à sa guise. Nous allons pouvoir enfin parler librement, hardiment, sans craindre les menottes, le bâillon et autres gentillesses *ejusdem farinæ*. A moins, pourtant, — ce qui est très possible, — qu'à l'heure où nous écrivons cette boutade républicaine, il ne plaise à ces *messieurs* de nous fabriquer tout doucettement, tout anodinement, une bonne petite loi sur la presse qui supprimerait cette phrase antique : « *La parole a été donnée à l'homme pour exprimer sa pensée...* » et la remplacerait par celle-ci de M. de Talleyrand, prince de Bénévent, évêque du Périgord, comte de Valençay, marquis de trois étoiles et autres lieux : « *La parole a été donnée à l'homme pour déguiser sa pensée!...* »

Avant que cette charmante petite loi ne soit promulguée, — dépêchons-nous d'être francs, — d'être hardis, — d'être républicains... car bientôt, — j'en ai peur, — nous ne pourrons plus l'être...

Républicain ? — Dieu merci, — je le suis encore... Mais je ne le crie pas sur les toits, — parce qu'on pourrait aisément me confondre vec l'illustre Dufaure, — l'illustre Dupin, — l'illustre Thiers ou l'illustre Odilon Barrot ; — car tous ces messieurs sont aussi illustres que républicains, — c'est-à-dire qu'ils ne sont ni l'un ni l'autre... Les mots sont malheureusement des habits assez élastiques pour que tous les crétins, — tous les foutriquets de la terre, — puissent entrer dedans... Il n'est donc pas étonnant que cette pléiade de royalistes, — de réactionnaires et autres misérables hères, — à la tête de laquelle marche ce soleil — en habit noir — qu'on nomme Thiers ; — il n'est donc pas étonnant, — dis-je, que tous ces hommes s'affublent de ce nom héroïque de républicain, qui doit leur écorcher les oreilles et leur brûler les lèvres, leur produire enfin l'effet d'une tunique de Nessus !...

Par malheur — ou par bonheur, — au choix, — ces démocrates — de récente fabrique — ressemblent à l'âne qui osa, un jour, endosser la brillante fourrure du lion... Le bout de leurs oreilles passe et les fait aisément reconnaître pour ce qu'ils sont, par les gens les moins perspicaces, qui ne se gênent pas du tout, — et ils ont ma foi raison ! — pour crier : Haro sur ces baudets !...

Franchement, — ces hommes-là ne sont pas sérieux, — et je plains de tout mon cœur les gens qu'ils endoctrinent et les simples qu'ils enrôlent sous leur misérable bannière... La logique et le bon sens font facilement justice de leurs systèmes rétrogrades, et de leurs idées bourgeoises et mesquines...

S'ils s'en tenaient à ce rôle de prédicateurs d'une morale de boutique, — d'apôtres d'une religion vermoulue et honteuse, la religion de l'argent et de la banqueroute, nous les laisserions faire, — nous les laisserions clabauder sur tous les tons, — depuis les moins euphoniques jusqu'aux plus grotesques, — sans faire autre chose que de hausser les épaules — et de rire à leur nez, de ce bon gros rire — que nous ont légué Rabelais et Molière!...

Mais ils ambitionnent une autre gloire, à laquelle nous allons mêler un peu d'absinthe... Quittant ce rôle obscur d'apôtres et de séides, qui certes ne convient pas à l'ampleur de leur talent et de leur taille, ils prétendent s'imposer comme les *dieux* de cette religion qu'ils prêchent avec tant de ferveur et d'onction, depuis dix-huit ans... En d'autres termes, ils aspirent à la Présidence! Oui, rien que cela, mes fistons! — Et du pain? Allez-vous ajouter, — selon votre habitude et votre langage pittoresque! Du pain! — Attendez et vous verrez... si vous tenez à voir ce que vous pouvez empêcher...

Oh! mon Dieu, oui, — à la présidence! Cela vous étonne et moi aussi... Mais soyez tranquilles, — vous marcherez d'étonnemens en étonnemens, — si vous acceptez ces honorables saltimbanques... Ils vous prouveront que des vessies sont des lanternes,—afin de vous prouver, sans doute, le progrès des lumières sous leur règne!... A moins, cependant, que vous ne leur prouviez,—à votre tour,—ce à quoi servent les lanternes...

Entendez-vous ces glapissemens,—ces paroles dolentes,—ces phrases emmiellées! Ce sont les *speechs* —ou, pour parler français,—les réclames de ces bons petits prétondus prétendans à la couronne de France, —je me trompe,—à la présidence...

Ils montent leur serinette,—puis ils tournent la manivelle,—et vous êtes tout surpris d'entendre une petite chanson bien vieillotte, bien discordante, bien prétentieuse et bien ennuyeuse, dont le refrain invariable est : » Prenez mon ours! — c'est-à-dire, — » UNE PRÉSIDENCE, S'IL VOUS PLAIT !... »

S'ils vous chantaient cela sur un air bouffon, — passe encore!— On écoute Bobêche et Frise-Poulet; — on les écouterait avec la même inattention,— et on leur jetterait un gros sou pour aller acheter un peu de décence et de dignité...

Mais point ;—ces saltimbanques en cravate blanche ont la larme à l'œil, — la mine cafarde, — l'allure pain bénit, — et l'on ne peut que rire comme un tas de mouches, —en les voyant si bouffons et si lacrymatoires...

Cependant, je le répète, il s'est trouvé à Paris *l'œil de ce cyclope qu'on nomme la France*, selon Victor Hugo, — il s'est trouvé à Paris des béotiens assez... cokneys... et des cokneys assez... béotiens pour accepter—comme argent comptant—cette plaisanterie carrément ridicule qu'on intitule : la candidature présidentielle de MM. Thiers,—Barrot,—Louis Napoléon et *tutti quanti*...

Puisqu'on veut bien faire — à ces prétendans au trône—l'honneur de les prendre au sérieux,—nous allons,—s'il vous plaît,—accorder notre guitare ou monter notre théorbe,—et chanter sur une corde grave les faits et gestes de ces nobles héros qui aspirent à l'honneur de gouverner quelques millions d'hommes,—rien que ça, mes fistons !...

Des journaux—payés par eux—se sont chargés de nous corner leurs vertus et leurs mérites,—oubliant qu'il n'est pas convenable de parler ainsi des absens. —Des brochures,—où s'épatait leur panégyrique,— ont inondé Paris— qui les a jetées dans ses égouts ! —Des placards multicolores ont prôné—à tant la ligne—leur républicanisme,—leur civisme,—leur patriotisme,—et autres choses en *isme*, avec un lyrisme digne d'une meilleure cause...

A notre tour,—nous allons puiser dans l'encrier— et dans notre mémoire— toutes nos inspirations pour chanter—dignement—des personnages aussi dignes que ces messieurs !...

Nous ne serons pas aussi plaisans que leurs complaisans flatteurs,—que leurs dithyrambeurs gagés,— mais aussi nous ne serons pas sérieux,—quoique,— au fond,—rien ne soit moins drôle que le cynisme, l'effronterie ou la nullité de ces prétendans...

Mais c'est trop nous arrêter aux bagatelles de la porte... Commençons,—la plume nous démange.— Fasse le ciel qu'elle puisse être la massue du ridicule,— et que sous ses coups tombent — l'un après l'autre—tous ces myrmidons qui veulent se tailler un manteau de roi dans le drapeau républicain.

En avant la grosse caisse!!!

Et d'abord, à tout seigneur tout honneur! A vous, monseigneur LOUIS- (Napoléon par la grâce du baptême), et qui voulez l'être encore par la grâce de Dieu! Halte-là! Le droit divin,—que vous invoquez tout bas,— comme le comte de Chambord l'invoque tout haut,—le droit divin a fait son temps,—et vous avez beau murmurer le nom de l'empereur,—vous ne réussirez pas à nous faire croire, à nous autres plébéiens,—que vous êtes autre chose que le neveu d'un homme dont le génie a fait quelquefois oublier le despotisme !... On lui a pardonné ce qu'il a fait d'odieux et de mauvais—pour ce qu'il a fait de grand et de bon... Mais il est tombé,—et sa gloire est restée enfouie,—avec ses cendres,—dans un cercueil de plomb! Paix à son ombre,—sous laquelle vous abritez votre impuissance et votre *nullité!*—La France a pu être long-temps indifférente sur le choix des maîtres qui s'imposaient à elle... Mais elle est lasse enfin de toute tyrannie! Elle ne veut d'aucun joug,—sous quelque nom qu'il se présente,—sous quelque apparence qu'il se produise!... Laissez donc là vos oripeaux, vos guenilles impériales et vos aigles apprivoisés !... On châtre un oiseau ;—mais on ne touche pas impunément à l'indépendance d'une nation !... L'homme qui a fait—ce que vous avez fait—est un homme jugé et condamné d'avance... Strasbourg et Boulogne sont le *mané-thécel-pharès* que tout patriote doit vous jeter à la face ! Vous avez échoué deux fois —dans vos tentatives ridicules pour renverser un roi — et vous mettre à sa place... Vous échouerez cette fois — encore, — c'est nous qui vous le prédisons, et

« Notre oracle est plus sûr que celui de Calchas ! »

Personne n'est dupe du semblant de républicanisme — et de majesté — que vous affectez, — les mains derrière le dos, — à la façon de Barbarie, mon ami, ou de M. votre oncle, — dont vous copiez trop exactement le costume pour avoir le temps de copier le génie ! — Jouez à l'empereur tant que vous voudrez ! C'est une faiblesse comme une autre et qui prouve seulement l'innocence primitive de vos goûts et le pastoral de votre caractère ! Mais, — pour Dieu ! mon petit monsieur, — jouez ce rôle — un peu trop grand pour votre taille cependant, — jouez ce rôle dans l'intimité, — au milieu de vos favoris, de vos aigles et de vos partisans... Car, lorsque, par hasard, — vous voulez le jouer *coram populo*, — on vous siffle sans miséricorde,—comme un mauvais comédien que vous êtes !—Acteur pour acteur, je préfère Gobert, — du Cirque-Olympique. Voilà un homme qui imite l'*empereur* !... Allez donc demander des leçons à Gobert, monseigneur, — et après, si vous continuez, — comme je n'en doute pas, — à toujours être un homme médiocre, — au moins vous serez un acteur supportable dans le rôle difficile de Napoléon I... Vous avez déjà un bon commencement. N'était votre accent un peu tudesque, — vos allocutions, — concises et laconiques comme celles de votre oncle, — pourraient passer pour napoléoniennes !— Votre démarche et votre débit ne sont pas mal saccadés comme cela ! Mais pour être le *Petit caporal* au complet, il ne vous manque plus que deux grandes choses et une petite. Les deux grandes choses sont — la redingote grise et le chapeau à cornes... La petite chose... — c'est tout bonnement... son génie... Rien que cela ! Mais patience, ça viendra ! Vous êtes nourri à l'école Thiers et Barrot... et vous en connaîtrez bientôt toutes les ficelles !...

Ainsi donc, — altesse, — faites rire la France, si vous le voulez, — car elle n'est pas trop gaie en ce moment ; mais, je vous en avertis, n'essayez pas de la gouverner ! Elle est brutale pour tous ses monarques. Ceux qui montent cette cavale sauvage font trop comme le beau Corse de messidor, — ils lui labourent les flancs à coups d'éperons..., mais, — épuisée, — elle s'abat et leur casse les reins...

D'ailleurs, pour en finir avec vous, — histrion du ridicule tournoi d'Eglington, — dandy du balcon de Drury-Lane, — comme vous appelle la *Presse* que je vous engage à méditer pour votre instruction ; — pour en finir avec vous, — et avec votre prétendu milliard, — que vous ne distribuerez nullement aux paysans et aux ouvriers, par l'excellente raison que vous ne le possédez pas, — vous qui cherchiez l'autre jour à emprunter 50,000 fr. pour lesquels vous en donniez 8,000 !— nous ne vous dirons plus qu'un mot : C'est le peuple qui nomme son président, — et il ne voudra pas,—sachez-le bien,— d'un homme qui a avoué, — dans son procès devant la Cour des pairs, qu'il n'avait et ne voulait rien avoir de commun avec cette CANAILLE DES FAUBOURGS ! Cette canaille des faubourgs, comme vous appelez si élégamment le peuple, monseigneur, se montrera bonne fille à votre égard... Si vous persistez dans votre candidature, elle vous donnera un charivari ! Mais la présidence, jamais ! vous n'en êtes pas digne ! Pour ma part, plutôt que de voter pour vous, je voterais pour la colonne Vendôme qui, elle du moins, a plus de valeur que vous, puisque avec elle on pourrait faire des gros sous, et qu'avec vous on ne peut faire qu'un perroquet répétant des phrases apprises.

« Soyez *constable* alors, car c'est votre métier ! »

A vous, maître corbeau, — non, maître THIERS, qui voudriez tenir dans votre bec un morceau, — sinon le tout, — de ce pays qui a gardé bon souvenir de votre passage aux affaires... Vous n'êtes pas, — comme le précédent prétendant, de lignée impériale, ni — comme Henri V — de *couche* royale, — mais en revanche, — vous pourriez, — si on vous le permettait toutefois, — faire souche et doter la France d'une foule de petits rejetons qui marcheraient, — bien entendu, — dans vos souliers... L'État, — ô despote en lunettes, — l'État ce serait vous !... et les mauvais plaisans pourraient dire : « Nous avons le *Thiers-État !...* » Mais, s'il plaît aux électeurs sensés, — et ils forment la majorité de la nation, — nous n'aurons ni le tiers état, ni l'État-Thiers... Ce sera deux plaisirs de moins, — c'est vrai ! mais nous nous conselerons en pensant que nous n'avons pas fait la sottise de prendre au sérieux votre patriotisme qui nous a doté de ces aimables lois de septembre qui bâillonnaient la presse indépendante, — et de ces charmantes bastilles avec lesquelles Louis-Philippe se proposait, — s'il en avait eu le temps, — de nous tenir en respect et de nous mitrailler à son aise, — toujours s'il en avait eu le temps...

Ex-ministre de l'ex-gouvernement de l'ex-roi, — vous avez tenu toutes les promesses que vous aviez faites en touchant ce bienheureux portefeuille, — tant et si souvent convoité, — tant et si souvent éloigné de vos mains avides ! Sous votre ministère, — ô Thiers bien-aimé... du quart de la nation, — c'est-à-dire de la bourgeoisie, — la France a été misérable, — souffrante et appauvrie au dedans... En revanche, elle a été méprisée, outragée, salie au dehors ! Car c'est à vous, — compère adroit d'un système odieux, — que nous devons le rappel de notre flotte, — au moment où l'Anglais incendiait Beyrouth, n'est-ce pas? Oh! vos prouesses sont connues, — et l'histoire les a enregistrées pour l'édification de la postérité la plus reculée ; — car la postérité, — même la plus reculée, — ne peut oublier qu'un homme, — du nom de Thiers, — a pesé sur la France, — et qu'il a fait à son égard, ce que font les nains à l'égard d'un géant enchaîné, — qu'il l'a souffletée avec une rage envieuse!

Courtisan et prôneur d'un système corrupteur et corrompu, — votre place, — si vous aviez du cœur, — serait à Claremont, auprès du monarque qui a récompensé vos platitudes et vos bassesses comme il savait les récompenser, — en donnant un portefeuille !... Mais en France, — vous ne pouvez plus rien être, — pas même le lieutenant de monseigneur Louis qui, — s'il m'en souvient, — vous nomma quelque chose lors de sa mémorable descente à Boulogne... Il est vrai que cette nomination insérée dans un décret signé Napoléon, empereur, (— s'il avait été empereur!...) il est vrai, — dis-je, — que cette nomination avait été faite *entre deux vins*, et qu'alors... Qu'importe !... Si Louis-Napoléon arrive à la présidence, — vous serez quelque chose ! Mais, par malheur pour vous et pour lui, — et par bonheur pour nous, — ce cher *prince* ne sera point nommé président, — et vous ne serez conséquemment rien... Cela sera douloureux pour votre conscience... de fonctionnaire, — j'en conviens, — mais pour toute consolation, je ne vois à vous offrir que la présidence de Monaco, — lorsque le roi en sera mort !...

Ainsi donc, maître Thiers, — historien grotesque de la Révolution française, — que vous avez arrangée comme il convenait à un ministre de Louis-Philippe, — je me vois dans la cruelle nécessité de vous engager à vous défaire de vos espérances présidentielles, — si vous ne voulez avoir une déception amère comme une bouteille d'eau de sedlitz à 45 degrés...

Chantre de l'Empire, — je vous en préviens charitablement, — la présidence sera votre Waterloo!... C'est dommage de finir comme cela, — lorsqu'on a si bien commencé... *Sic vita est !*

Et de deux !

Quant à vous, — général CAVAIGNAC, — ma plume sera sobre de récriminations, — non pas que j'aie, — pour votre candidature à la présidence, plus de respect et de sympathie que pour celles de MM. Thiers et Louis Bonaparte, — mais, parce que vous portez un nom qui a appartenu à un homme héroïque, — mort épuisé par ses luttes de tous les jours contre un gouvernement rétrograde et odieux, — parce que je me reprocherais, — comme une action indigne, — de toucher à ce nom de Cavaignac si glorieusement, — si noblement porté par un martyr de la démocratie... Je ne dirai rien de vous — qui avez fait mitrailler des milliers d'ouvriers qui voulaient du pain — ou la mort ! — De vous — qui en avez fait transporter des milliers d'autres loin de la mère-patrie, — en deuil de ses enfans !... Je n'ai pas le courage de railler vos prétentions à la présidence, parce qu'en parlant de vous, je songe — malgré moi — à cet odieux régime du sabre que vous auriez pu faire cesser plus tôt et que vous avez prolongé ; parce que je songe à ce que nous ont valu de déceptions, — vos cinq mois de dictature ; parce que je me demande — *comment votre main ne s'est pas séchée jusqu'au poignet*, — avant de signer l'arrêté qui imposait à la France républicaine — deux ministres de la monarchie !...

Je ne dirai rien de vous que ceci : — Fils d'un conventionnel ! frère d'un républicain ! — vous avez prouvé que vous n'étiez ni le fils de l'un ni le frère de l'autre !

Arrière donc, prétendant à la présidence !... Monk a été plus grand que vous ! et Bonaparte a su faire un dix-huit brumaire !...

Et de trois !...

J'ai parlé tout d'abord de ces trois candidats ; — j'ai étalé leurs titres ; — le peuple jugera...

Ce sont les trois plus importans, — si tant est qu'on doive donner de l'importance à de telles prétentions... Des écrivains n'ont pas craint d'accoupler ces trois noms, — de nous les présenter comme les trois consuls inévitables ! Ils ont eu la singulière et dérisoire idée de proposer à la France ce triumvirat ! Diable ! c'est fort ! si nous ne voulons ni du premier, — ni du second, — ni du troisième, — à plus forte raison ne voudrons-nous pas des trois ensemble...

Maintenant, passons à d'autres exercices, — c'est-à-dire à d'autres prétendans... Puisque à l'heure — où j'écris — nous sommes encore sous l'omnipotence militaire, il m'est permis de leur faire une petite guerre... et de les passer en revue... C'est trancher du général, — je le sais bien, — mais avec moi, — obscur plébéien, — cela n'a pas d'importance...

A vous donc, — maréchal BUGEAUD, — duc d'Isly, — comte de Transnonain, — baron de St-Merry, — geolier de la citadelle de Blaye, — officier de la Légion-d'Honneur et grand-maître de la légion des renégats!

Puisque vos *nombreux amis* (vous en avez encore ?) *vous font l'honneur* de vous porter comme candidat à la présidence, — je suis bien forcé — à mon grand regret — de m'occuper de vous — qui vous portez — de vous-même — à la présidence... Vous n'êtes patroné par personne, — entendez-vous ? — par personne — si ce n'est par vous !

J'aurais désiré ne pas trouver votre nom — au bout de ma plume...

Il en est de certains souvenirs — comme de certains marais : — lorsqu'on les remue, — il en sort des émanations putrides qui causent des nausées !... Les souvenirs que votre nom rappelle, — maréchal Boudjous ! — sont de ce nombre... Et je ne vous en félicite point !...

Par quelle œuvre, — par quelle action commencer ? Par quel bout — prendre votre vie si glorieuse et si bien remplie? Les échos de la rue Transnonain nous renvoient des accens de mourans et d'égorgés, — et votre nom se mêle à ces malédictions et à ces cris de désespoir!... C'est une page glorieuse de votre histoire, — cela! Et si jamais la France perdait la mémoire de vos hauts faits, — ô exécuteur des hautes-œuvres!... elle n'aurait qu'à interroger les pavés de la rue Transnonain — qui répondraient. — éloquemment — en montrant leurs taches rouges!...

Maréchal Bugeaud! votre nom s'accole tout naturellement à celui de votre maître; — mais l'on ne sait auquel des deux, — de vous ou de lui, — revient la plus grande part du mépris des honnêtes gens!... Toujours est-il qu'il vous en revient une bonne part; — soyez tranquille, on ne vous la rognera pas... Bien qu'on ait besoin, — bien qu'on soit à court de mépris — depuis qu'on s'en est tant servi — à propos des hommes et des choses de ces dix-huit dernières années!...

Vous — président de notre jeune République? Allons donc! vous vous gaussez bien niaisement de nous! Faut de l'impudence, — mais pas trop n'en faut, — ou sinon gare aux éclaboussures!...

Si, — comme je vous fais l'honneur d'en douter, — si quelques Allemands, ou quelques Suédois, déguisés en Français, — acceptaient vos bouffonnes et misérables prétentions à la présidence, — nous leur dirions ceci : Bugeaud — votre fétiche — vous méprise *souverainement* (parce qu'il espère sans doute être élu *souverain!*); et la meilleure preuve que j'en puisse donner — c'est le propre témoignage de ce cher duc d'Isly qui, — dans la soirée du 23 février, — disait à l'état-major réuni sur la place du Carrousel : « Allons, messieurs, n'ayez pas peur... faites tirer à mitraille... *Vous n'avez pas affaire à des hommes, mais à des hordes de sauvages!...* » La phrase est historique et digne d'être connue ; nous la livrons, — sans commentaires, — aux deux ou trois admirateurs du génie, — du cœur, — du courage et du patriotisme du citoyen Bugeaud, — duc d'Isly, — comte de Saint-Merry, — marquis de la Durantie, — baron de Transnonnain, — geolier de la duchesse de Berry, — et entrepreneur de pompes funèbres !

Ne nommez pas cet homme-là, — électeurs égarés par son affectation de civisme ! — Cet homme porte à son bras un crêpe éternel ! Il mènerait le deuil de votre République !...

Et de quatre !...

Ah ! la série est longue... je m'en aperçois — et le métier que je fais n'est pas gai !... Avoir à raconter la vie politique de tous ces prétendans, — c'est fatigant et fastidieux. Encore si, — de temps en temps, — j'avais à dire quelques actions nobles et grandes, cela me consolerait de toutes les couardises et de toutes les félonies que je suis forcé d'enregistrer ! Mais non ! Rien, — rien, — rien — que des couardises et des félonies !... Ah ! grands dieux !

Le cinquième prétendant, — tout aussi sérieux que les autres, bien entendu, — c'est... — je vous le donne en cent... — en vingt — en dix?... C'est... monsieur MARRAST! (ne pas confondre, s'il vous plaît, avec Marat, *le vieux de la vieille!*) Quoi! — va s'écrier — en se révoltant — le bon sens populaire. — Quoi! — M. Armand Marrast, — le républicain de la République *honnête* et *modérée*, — c'est-à-dire le partisan des privilégiés contre les déshérités? Allons donc! c'est se gausser du monde... Nous voulons un président — fait à notre image et — surtout — à nos misères infinies! Nous voulons un homme qui sache ce qu'est la faim, — ce qu'est le froid, — ce qu'est la misère! et votre monsieur Marrast nous fait l'effet de ne guère s'y connaître, — si habile qu'on le dise — avec ses quatre mille francs mensuels — qui encore ne lui suffisent pas!... Il sort de la *boutique* du *National*, nous en convenons, — mais ça ne prouve pas, — au contraire, — qu'il nous soit sympathique... Était-il aux barricades de février? Pas si bête! Aux barricades de juin? Moins encore... Descendre dans la rue, — noircir sa main à remuer des pavés — ou à déchirer des cartouches, fi! fi! vous dis-je. La poudre enivre, — mais le président de la chambre des députés n'admet d'autre ivresse que celle que produit le champagne — dont sont couvertes ses tables! fi! fi! Lorsqu'il avait quelque chose sous la mamelle gauche, — et qu'il rédigeait — à la *Tribune* ou au *National* — des *premiers-Paris* éloquens, — il fraternisait — de loin,

— de très loin, — avec le peuple en guenilles, — avec ces insurgés de mai, — de juin, — qu'il disait mériter — tout aussi bien que les vainqueurs de juillet, — une mention honorable sur les tables d'airain du Panthéon !...

Oui ! mais alors il avait besoin de sympathies pour arriver... Car ce qui le mord au cœur, — depuis qu'il est homme, — qu'il voit et qu'il entend, — ce n'est pas la haine de la tyrannie, — le désir de l'affranchissement du peuple, — la haine de tout ce qui est odieux et oppressif. — Non ; — c'est l'ambition !... La révolution de février lui a donné un fier coup d'épaule ; — c'est grâce à elle qu'il est arrivé à cette présidence d'où il espère arriver à l'autre, la BONNE ! Eh bien ! il renie la révolution de février, l'ingrat !

Vous me direz qu'il a des titres à cette présidence — tant pourchassée ! qu'il a épousé, — jadis, — la fille d'un roi d'Écosse ou d'Angleterre ! qu'il possède vingt-quatre mille francs de rentes ; — qu'il reçoit quarante-huit mille francs par an, — comme *præses* de l'Assemblée nationale ! qu'il donne au palais de la présidence, — *afin de rendre cette présidence impossible pour tout autre que pour lui*, comme l'a avoué ingénument madame Marrast, — qu'il donne, — dis-je, — dans ce palais féerique, — royal, — oriental, — des fêtes de Sardanapale — et des festins de Lucullus, — aux miettes desquels le peuple n'a pas la moindre part, — lui qui paie de son argent, — de ses sueurs et de son sang !... Vous me direz enfin que les *satisfaits*, — qui se pressent à ces galas splendides, — vantent partout la prodigalité, — l'air *régence* de ce nouvel Alcibiade — qui n'a pas encore songé à la queue coupée que vous savez!...

Ce sont là des titres, — j'en conviens, — mais des titres à la présidence du théâtre de l'Opéra, — si la direction en est érigée en présidence. Ce seront des titres réels, — si la force des choses, — ou un mauvais choix, — nous amène un nouveau directoire, — parce qu'alors, — grâce à M. Armand Marrast, — nous reverrons les voluptueuses fêtes à la Tallien, dans lesquelles madame Marrast, — cette fille d'un roi d'Écosse — ou d'Irlande — rappellera la Cabarrus !...

Je sais encore que ce *petit père Marrast* a été *pion*, — maître d'études, — quoi encore ? Et que, conséquemment, — sous son règne, — les Français seraient les plus heureux écoliers de la terre...

Ils auraient quelquefois des pensums, — comme qui dirait des discours de Dupin à traduire en françois! — Mais jamais le petit père Marrast ne leur donnerait des coups de règle sur les doigts... Cela serait incivil et méchant... et le rédacteur en chef du *National* est un homme tout miel et tout sucre!... Il ne tuerait pas une mouche. — Il est vrai que, si l'occasion se présentait, il ferait tuer dix mille hommes... Mais, enfin, il épargnerait une mouche... C'est déjà quelque chose !

Je ne vois qu'une seule objection à faire, — c'est que je ne sais pas pourquoi, — puisqu'on veut porter un *pion* à la présidence, — on n'irait pas chercher, à Carpentras ou à Brives-la-Gaillarde, un pauvre maître d'études, un *pion* obscur, — connu pour capable de tuer cent mouches, — et de respecter une nation ! Ce professeur de Carpentras ne serait pas aussi Alcibiade que le grand Marrast ; — il ne donnerait pas des fêtes aussi somptueuses que le fait celui-ci. Il ne se ferait pas mousser dans *son journal,* comme ce dernier a la modestie de le faire ; mais il serait plus sobre, plus austère, plus humain, plus modeste... et ces considérations valent bien qu'on les pèse...

En somme, j'ai parlé de M. Armand Marrast, parce qu'on a parlé de lui comme d'un futur monarque !... Les antécédens de ce monsieur ne sont pourtant pas engageans... Qu'on lui donne une couronne de chêne — ornée de glands — pour récompenser ses mérites comme maître d'école ou comme musicien distingué ; mais la couronne morale, accordée à l'austérité, au talent, au civisme, au dévoûment, — qu'on la donne à un autre, — mais pas à ce monsieur ! Qu'il soit, tant qu'il lui plaira, régent de collége ; mais régent de France, jamais !......

Et de cinq !

La série commence à s'épuiser — et ma patience aussi, ma foi !

LAMARTINE ! voilà un nom pompeux qui fait bien sur une affiche ! Il sonnerait assez bien à l'oreille de ses sujets. Lamartine 1er du nom, président de la République française !... et inventeur du paratonnerre moral, sans garantie du gouvernement ! c'est euphonique ! c'est harmonieux ! c'est olympien ! Le roi est mort, vive le roi !

Halte-là, cependant, cher monsieur de Prat (pseudonyme Lamartine), causons en vieilles connaissances tous les deux ! — Vous avez de l'ambition, nous le savons tous ! mais cette ambition, quoique naturelle, n'est pas légitime... Sur quoi appuyez-vous vos prétentions à la présidence ? Voyons, déboutonnez-vous un peu, sortez de vos nuages et débarrassez-vous de vos fleurs de rhétorique ! soyez moins hyperbolique, moins biblique, moins poétique, — car l'instant est critique ! Je ne veux pas épiloguer sur des queues de cerises — vous chercher niaisement des... cheveux à la tête ! Non, — ce que j'ai à vous reprocher a quelque importance, et je vais vous en faire juge... Quittez votre empyrée, ô Lamartine-Prat — dont la position a quelque peu empiré depuis quelques mois... et venez me débiter votre petit chapelet politique.

Vous êtes un grand poète, un grand orateur, un grand tout ce qu'on voudra... mais franchement vous n'êtes pas un grand politique... Allons donc !

Ce que vous êtes, c'est un orgue de Barbarie jouant les airs les plus variés et les plus neufs : « *Le jeune et beau Dunois. Ah ! vous dirais-je maman*, etc. »

Pour ma part, j'ai pour votre beau talent de poète une admiration que partagent beaucoup de gens ; et entr'autres beaucoup d'ouvriers qui savent, — aussi bien que nos grands seigneurs, — comprendre et sentir vivement les beaux vers et les belles pensées...

Mais Platon chassait les poètes de la République; et ma foi, il avait raison. Un poète est un poète, voilà tout. C'est un musicien dont les accens vous remuent profondément l'âme, aux heures de la mélancolie; c'est un barde pieux dont la lyre endort souvent les douleurs! Mais laissez le dans sa grotte, avec son nimbe d'or sur la tête, et son théorbe sur les bras! Ne le sortez pas de là, — c'est sa spécialité!...

Le bonhomme La Fontaine, — qui se connaissait aussi bien en hommes qu'en bêtes, — a dit quelque part :

> Ne forçons point notre talent,
> Nous ne ferions rien avec grâce.

Et je suis complétement de son avis. Je m'incline devant Lamartine poète; — mais devant Lamartine homme d'Etat et surtout Président de la République française, — je passe fièrement comme un homme qui en vaut un autre, — comme un homme qui a plus de conscience et de patriotisme que cet autre. Car il est bon de vous l'apprendre, ô mes braves ouvriers, — M. de Prat — vulgairement appelé Lamartine — n'est pas un patriote bien sincère ; et en cela, moi, votre serviteur, — je pourrais lui rendre des points...

Remarquez bien que je ne fais pas ici de la calomnie gratuite. La calomnie? Merci, je ne mange pas de ce pain-là ; ni vous non plus, mes braves!... Je joue cartes sur tables, et je mets les actes et les faits sur le tapis...

Comment juge-t-on un écrivain? Sur ses écrits, n'est-ce pas? Eh bien, faites-moi l'amitié d'ouvrir le *Jocelyn* de Lamartine. C'est un poème charmant, qui m'a fait verser des larmes et qui en fera verser à vos femmes et à vos enfans... Il y a des vers magnifiques, des pensées pleines de poésie et de mélancolie... Oui, — mais, — vous, — esprits virils et mâles, qui voulez dans un homme politique autre chose que de la poésie et de la mélancolie; vous qui voulez connaître son cœur et son sentiment à votre endroit, feuilletez ce roman délicieux, et vous verrez notre première, notre glorieuse République, arrangée proprement et d'une façon très réactionnaire, — je vous en réponds!... M. de Lamartine — qui, en écrivant *Jocelyn*, — briguait probablement l'estime et les suffrages du noble faubourg Saint-Germain; M. de Lamartine, traite de *buveurs de sang*, de *barbares*, de *Velches* et autres gentillesses, les apôtres glorieux qui payèrent de leur vie, en thermidor, le crime d'avoir osé être hommes... et de l'avoir prouvé !

Quand on a sérieusement écrit des infamies et des impostures semblables sur une époque qui, après tout, fut belle et grande, — quelle créance veut-on exiger des républicains, lorsqu'on se dit républicain? Aucune, n'est-ce pas ? Par sa naissance, par sa fortune, par ses goûts, M. de Lamartine a été porté vers l'aristocratie,—et si,—par un revirement subit,—ôtant ses gants blancs et son habit noir,—il est entré dans

les rangs du peuple,—ça n'a été,—croyez-m'en,—
qu'un caprice de grand seigneur, qu'une fantaisie de
poète qui a désiré connaître un peu, par le contact,
cette génération laborieuse et souffrante qu'on abreu-
vait de charges, de misères et de tyrannies... Mais,
—sérieusement,— M. *de* Lamartine n'est pas et ne
peut pas être démocrate et socialiste ! Autre chose
est d'écrire de très belles phrases, après en avoir
écrit de très vilaines,—et de prouver ses sympathies
et ses convictions pour les classes déshéritées. Pour
écrire, il ne faut que du talent, et M. *de* Lamartine
en a beaucoup! Mais, pour prouver,—il faut des faits,
—et tous ceux que nous connaissons ne sont certes
point à la louange de ce poète !...

Il m'en coûte beaucoup,—qu'on me croie bien,—
de détruire les illusions que quelques ouvriers ont
pu se faire sur le compte de Lamartine, parce que,
je le répète, c'est un charmant conteur, un éloquent
poète, un écrivain distingué, une de nos gloires lit-
téraires enfin... Mais, vous en conviendrez, ces qua-
lités ne suffisent pas lorsqu'on est appelé au périlleux
honneur d'être le président de la France... Qu'une
nation monarchique le choisisse ;— mais une nation
républicaine, jamais !...

Lamartine a soutenu la légitimité ! Il a été partisan
déclaré du droit divin,—parce que le droit divin fait
très bien dans un poème...

A preuve :

ODE

Sur la naissance du duc de Bordeaux.

« Versez du sang ! frappez encore ! »

Ce vers s'adresse évidemment aux républicains qui ont châtié un peu sévèrement Louis XVI, — roi très chrétien, comme chacun sait !...

Mais continuons :

> « Plus vous retranchez ses rameaux,
> » Plus le tronc sacré voit éclore
> » Ses rejetons toujours nouveaux ! »

Le *tronc sacré*, on le devine encore, c'est madame la duchesse de Berry, femme pleine d'esprit et de grâces, mais qui eut le tort de mettre au monde un fils plus de neuf mois après la mort de son père... Ceci est une bagatelle, assurément !... Epouses, la chasteté est une niaiserie... Soyez impures, — on vous appellera *tronc sacré*... Excusez du peu !...

> « Il est né l'enfant du miracle !...
> » Héritier du sang d'un martyr..,
> » Il est né d'un tardif oracle,
> » Il est né d'un dernier soupir !... »

Arrêtons-nous un instant ici. M. *de* Lamartine a beau gazer, et en très beaux vers, ma foi ! ses lecteurs, — qui savent très bien qu'un enfant ne se fait pas plus par l'oreille qu'à l'aide d'*un soupir*, — ses lecteurs, dis-je, savent parfaitement à quoi s'en tenir sur la légitimité illégitime du comte de Chambord, qui, lui aussi, voudrait se faire proclamer président —sous le nom gracieux d'HENRI V !

M. *de* Lamartine a beau dire, plus loin, — dans la même ode, — toujours en parlant du susdit comte de Chambord, alors duc de Bordeaux :

« La terre a besoin d'un héros ! »

nous ne nous sommes pas encore aperçu que ce cher prince, héritier présomptif... de *la Gazette de France*, — fût un descendant des Héraclides !... Ses hauts faits ne valent pas ceux de M. Louis Bonaparte, assurément, — mais ce n'est pas une raison pour qu'on l'accepte pour un *héros*, sur la foi de M. de Prat-Lamartine !...

« Un lys que l'orage a planté !... »

Turlututu !

« Sacré berceau ! frêle espérance !...
» Déjà tu rassures la France ;
» Les miracles ne trompent pas !... »

Turlututu ! turlututu !

« Son glaive, aux champs de la victoire,
» Nous rappellera la mémoire
» Des destins promis à Clovis ! »

Turlututu ! turlututu !

Cela est bien beau, — mais aussi bien invraisemblable !...

Si les électeurs sensés de la France tiennent absolument à nommer un homme qui ait chanté et servi tous les régimes et toutes les dynasties, qu'ils choisissent Lamartine, — qui est de force à se chanter lui-même et à chanter sa dynastie qu'il procréera d'*un soupir!* Mais si, comme ils le doivent, ils veulent un républicain dont le passé réponde de l'avenir, qu'ils repoussent M. de Lamartine, je les y engage, dans leur intérêt et dans le mien.

Et de six!...

Ah ça! ne trouvez-vous pas comme moi, mes amis, que le catalogue est assez monotone! Ce ne sont pas les mêmes noms, il est vrai, — mais ce sont les mêmes candidats. Ces gens-là, franchement, n'ont jamais compris la République, et, — j'en excepte pourtant Lamartine, qui est toujours de bonne foi dans ses reviremens et dans ses apostasies, — et rien que leurs prétentions à la présidence sont déjà une insulte à la démocratie.

Je ne veux donc pas aller plus loin, car le dégoût et l'ennui me prennent! Je ne veux pas vous parler des autres candidats, dont leurs journaux mettent les prétentions en avant, — de messieurs :

1º Le comte *de* Chambord, — cet enfant du miracle préconisé, il y a vingt ans, par M. *de* Lamartine, et aujourd'hui soutenu par l'honorable M. *de* Genoude, — abbé-gentilhomme qui a inventé la poudre, l'élection à deux degrés, et la manière de se taper sur la cuisse, en citant Montesquieu!...

2º Émile *de* Girardin, — journaliste de talent et de bonne foi, qui, il y a huit ans, — *abîmait* le prince Louis Bonaparte, et aujourd'hui le porte au septième ciel, s'il y en a un!... M. Émile *de* Girardin a inventé aussi beaucoup de choses, — les mines de Saint-Berain et le paracrotte ; — les idées par alinéas et les alinéas par idées ; le papier-monnaie et la monnaie de ce papier ; les annonces anglaises et les anglaises des annonces ; — le patriotisme honnête et modéré avec la manière de s'en servir !... Il a inventé comme cela une série de choses vraiment incroyables... Je vous renvoie à ses articles dans son journal, si vous avez toutefois le temps et le courage de les lire !...

3° Le duc de Nemours — prince fort élégant, quoique blond, et fort ambitieux parce que Cobourg !... M. de Nemours a des partisans nombreux dans la bourgeoisie qui, — du reste, — voterait pour la colonne de Vendôme ou la colonne de juillet, — *ad libitum* — pourvu que l'une de ces colonnes mît une main sur son cœur, comme le faisait avec tant de succès l'ex-roi Louis-Philippe !... M. de Nemours a donc beaucoup de chances... pour n'être pas élu président, quoi qu'il soit blond, et quoiqu'il soit prince !...

4° Guizot, l'homme de Gand et l'inventeur de la paix à tout prix.... invention fort belle — quoique honteuse,.. Les électeurs du Calvados, qui envoyaient tous les ans à Paris un bœuf très gras, — sont décidés à nous envoyer pour député et pour président le citoyen Guizot, homme fort honorable, comme chacun sait... Consultez à cet égard tous les peuples de l'Europe, unanimes sur son compte !...

Assez ! assez ! J'ai ri ; — mais à rire ainsi l'on souffre beaucoup, — beaucoup trop, — et, ma foi, — il est temps que cette nomenclature finisse. Je n'ai plus de noms à inscrire dans ce calendrier des saints de notre époque, — le ciel en soit béni, — s'il tient à l'être par moi.

Ma plaisanterie, — je désire qu'on le sache, — cachait l'amertume de mon cœur de citoyen qui saigne à la vue de nos misères, — et qui se révolte en entendant des misérables, des charlatans et des imbéciles qui se disputent — en vociférant, — et lambeaux par lambeaux, — cette pauvre France si long-temps monarchique — par la grâce de Dieu, à ce que nous disaient nos monarques ; — mais aujourd'hui — et pour toujours, je l'espère, — républicaine — par la grâce du peuple !

Et le peuple, — du sein duquel je m'honore de sortir, — le peuple ne permettra pas qu'une profanation — pareille à celle qu'on projette — s'accomplisse ! Il balayera, — d'un revers de sa main puissante, — tous ces vendeurs d'orviétan qui prétendent avoir, — pour guérir ses maux, — une panacée merveilleuse ! — tous ces avortons, — tous ces nains difformes qui se disputent — sans vergogne — notre beau pays, — comme on se dispute la possession d'une chose vénale !

Halte-là, messeigneurs ! la France n'est point à vendre, sachez-le bien !

La France ne doit pas être

« Une halle cynique aux clameurs insolentes,
» Où chacun cherche à déchirer

» Un misérable coin des guerilles régnantes
» Du pouvoir qui vient d'expirer !... »
. . . .

Non, messieurs les prétendans ! non, la France n'est point,—ne peut pas être,—comme au bon vieux temps où Louis XIV disait : « L'État, c'est moi ! »—l'apanage d'un homme ! Le temps des monarques est passé ; celui des principes,—qui ne meurent jamais,—est arrivé !—Si l'ambition bourgeonne sur vos crânes épais,—j'en suis fâché pour eux et pour vous ;—l'ambition est une maladie qui conduit aux Petites-Maisons, ou... ailleurs : tâchez de vous défaire de la vôtre !

Restez ce que votre père et la Providence vous ont faits : bons époux,—bons pères,—bons amis,—détestables citoyens,—et si vous n'êtes—ni sacrés—ni canonisés,—du moins vous aurez la consolation d'avoir eu de l'esprit—une fois dans votre vie,—et c'est quelque chose !

Si vous persistez à vouloir vous imposer à une nation—qui vous répudierait bientôt,—souvenez-vous du peuple,

« Ce vigoureux porte-haillons,
» Ce sublime manœuvre à la veste de bure
» Teinte du sang des bataillons ;
» Ce maçon qui d'un coup vous démolit des trônes,
» Et qui, par un ciel étouffant,
» Sur les larges pavés fait bondir les couronnes
» Comme le cerceau d'un enfant !... »
. . . .

Le peuple sait combien votre patriotisme montre la corde ; il ne veut pas de vous ; et si,—par hasard—ou par entêtement,—l'un de vous osait mettre le pied sur le fauteuil de la présidence,—le peuple serait là,—et alors—gare à la dégringolade !

Sur ce, messeigneurs, j'ai l'honneur d'être, avec très peu de respect pour vos seigneuries, et très peu de considération pour vos vertus civiques,

Votre cordial ennemi,

UN RÉPUBLICAIN DE LA VIEILLE.

www.ingramcontent.com/pod-product-compliance
Lightning Source LLC
Chambersburg PA
CBHW061013050426
42453CB00009B/1413